글 김성화·권수진

부산대학교에서 생물학, 분자생물학을 공부했습니다. 《과학자와 놀자》로 창비 좋은어린이책 상을 받았습니다. 첨단 과학은 신기한 뉴스거리가 아니라 물리 법칙으로 가능한 과학 세계의 이야기라는 것을 들려주려고 '미래가 온다' 시리즈를 쓰기 시작했고, 지금까지 《미래가 온다, 로봇》, 《미래가 온다, 나노봇》, 《미래가 온다, 뇌 과학》, 《미래가 온다, 바이러스》, 《미래가 온다, 인공 지능》 등이 출간, 진행 중에 있습니다.
《고래는 왜 바다로 갔을까?》, 《과학은 공식이 아니라 이야기란다》, 《파인만, 과학을 웃겨 주세요》, 《우주: 우리우주에 무슨 일이 있었던 거야?》, 《지구: 넓고 넓은 우주에 기적이 하나 있어》, 《뉴턴》, 《만만한 수학: 점이 뭐야?》 등을 썼습니다.

그림 백두리

홍익대학교에서 시각디자인을 공부했습니다. 그린 책으로 《아무도 지지 않았어》, 《까칠한 아이》, 《데굴데굴 콩콩콩》, 《햇빛초 대나무 숲에 새 글이 올라왔습니다》, 《먹고 보니 과학이네?》, 《어느 외계인의 인류학 보고서》, 《미래가 온다, 플라스틱》, 《미래가 온다, 매직 사이언스》 등이 있으며, 쓰고 그린 책으로 《솔직함의 적정선》, 《그리고 먹고살려고요》 등이 있습니다.

미래가 온다 탄소 혁명

와이즈만 BOOKs

미래가 온다! 탄소 혁명

1판 1쇄 발행 2022년 8월 1일 | 1판 3쇄 발행 2023년 9월 1일

글 김성화 권수진 | 그림 백두리 | 발행처 와이즈만 BOOKs | 발행인 염만숙

출판사업본부장 김현정 | 편집 오미현 원선희 양다운
기획진행 임형진 | 디자인 권석연 | 마케팅 강윤현 백미영 장하라

출판등록 1998년 7월 23일 제1998-000170 | 제조국 대한민국
주소 서울특별시 서초구 남부순환로 2219 나노빌딩 5층
전화 마케팅 02-2033-8987 편집 02-2033-8983 | 팩스 02-3474-1411
전자우편 books@askwhy.co.kr | 홈페이지 mindalive.co.kr | 사용연령 8세 이상
ISBN 979-11-90744-54-6 74500 979-11-87513-57-5(세트)

ⓒ 2022, 김성화 권수진 백두리 임형진
이 책의 저작권은 김성화, 권수진, 백두리, 임형진에게 있습니다.
저자와 출판사의 허락 없이 내용의 일부를 인용하거나 발췌하는 것을 금합니다.

잘못된 책은 구입처에서 바꿔 드립니다.

와이즈만 BOOKs는 (주)창의와탐구의 출판 브랜드입니다.
KC마크는 이 제품이 공통안전기준에 적합하였음을 의미합니다.

미래가 온다
탄소 혁명

김성화·권수진 글 | 백두리 그림

우당탕탕! 탄소 왕국에 회의가 열려.
탄소 왕국의 주민들이 속속 입장해. 다이아몬드가 오고, 숯이 오고, 설탕과 비닐봉지가 와. 페트병과 양초가 굴러오고, 타이어가 비틀비틀, 시커먼 석유통도 덜컹덜컹 따라와.
'비켜! 비켜!' 탄소 왕국의 떠오르는 스타, 탄소 나노 튜브도 요란하게 등장해.
회의장에 들어갈 때는 모두 출입 검사를 받아야 해.
탄소로 되어 있다면 무사히 검색대를 통과할 수 있어.
탄소가 들어 있지 않다면 끔찍한 소리가 날 거야.

유리가 들어가려다 걸렸어!

동전이 들어가려다 걸렸어!

어서 뛰어. 우리도 입장해야 해.
"왜?"
몰랐어? 너도 탄소로 되어 있어. 너도 탄소 왕국의 주민이야!
온 세상이 탄소 때문에 시끌시끌해.

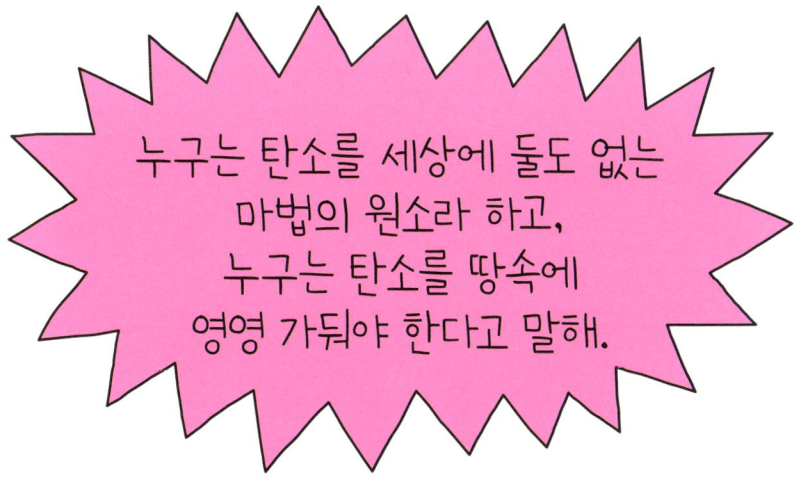

누구는 탄소를 세상에 둘도 없는
마법의 원소라 하고,
누구는 탄소를 땅속에
영영 가둬야 한다고 말해.

하지만 사람들은 몰라. 탄소 덕분에 먼먼 옛날에도, 먼먼
미래에도 세상이 굴러가. 탄소가 사라지면 그제야 깨달을걸!

차례

01 탄소 대왕 9

02 탄소의 탄생 19

03 탄소의 위대한 능력 31

04 탄소 화합물을 먹어! 43

05 탄소 화합물 쪼개기 51

06 탄소 화합물의 괴력 59

07 플라스틱 탄소 67

08 탄소 발자국 79

09 탄소 제로가 뭐야? 91

10 탄소 100퍼센트 물질 103

11 외계 생명체도
   탄소로 되어 있을까? 119

온갖 잡동사니가 몰려오고 있어!
책, 운동화, 책상, 새우 과자, 다이아몬드, 조개껍데기,
핫도그, 칫솔, 양말, 연필, 레고 블록, 빵, 지우개, 가발, 배추,
연탄, 두부, 쓰레기통, 고무줄, 탄소 나노 튜브, 베개, 콜라, 숯,
버키볼이 굴러와.
회의장이 난장판이 될 것 같아!
"이게 다 뭐야?"
탄소 왕국의 주민들이야.
우당탕탕, 데구루루, 덜그럭덜그럭, 부시럭부시럭!
쉿! 수많은 소리를 비집고 거대한 소리가 들려.

크하하하!

탄소의 왕국에 온 걸 환영해!

"누가 소리쳤어?"

탄소 대왕!

"그게 뭐야? 어디에 있어?"

절대로 찾을 수 없을걸. 찾아도 모를걸. 어디에나 있는데도 모르잖아. 바로 지금 네 몸속에도 들어 있는데 말이야.

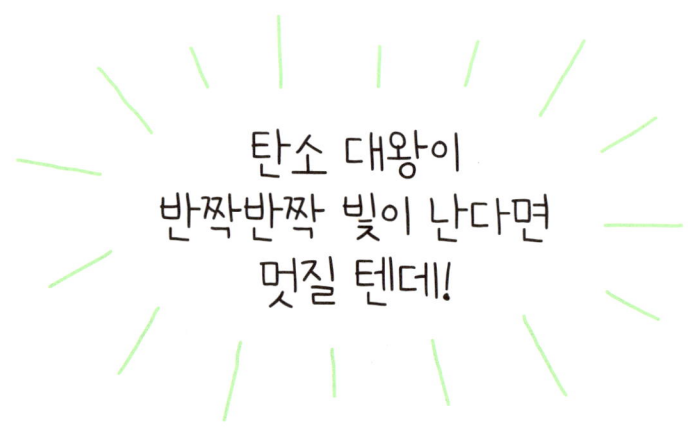

머리카락부터 발가락 끝까지 너의 몸이 전구처럼 환할 거야. 아니, 세상이 반짝반짝 빛날 거야. 나무도 풀도 강아지도 물고기도 새들도. 책상과 공책, 연필과 신발도. 밥과 아이스크림, 콜라, 햄버거, 페트병, 네가 순간순간 내뿜는 콧김도, 매일매일 누는 똥도 빛이 날 거야!

지금은 탄소의 시대야.
아니, 언제나 탄소의 시대야. 먼먼 과거에도, 먼먼 미래에도!
먼 옛날에 석기 시대가 있었다고? 그 다음엔 청동기
시대라고? 그 다음엔 철기 시대라고? 시대야 얼마든지 그
뒤로도 갖다 붙일 수 있어. 전기의 시대, 석유의 시대,
원자력의 시대, 자동차의 시대, 컴퓨터의 시대, 인공 지능의
시대…….

하지만 자질구레한 시대는
모두 집어치우라 그래.

**이 모두가 바로
탄소의 시대라니까!**

그런데도 교과서에는 '탄소의 시대'가 없어. 탄소 대왕이
알면 너무 섭섭해서 부르르 떨걸.

세상이 탄소 덕분에 굴러가고 있어. 탄소가 없으면 석유도 플라스틱도 밥도 없어. 네가 좋아하는 피자도 치킨도 아이스크림도 콜라도 없어!
"정말이야?"
그런데도 탄소에 대해 아는 사람이 별로 없어.

> 탄소가 무엇인지 모르는 채로도 세상에서 탄소는 너무 유명해졌어.

뉴스에도 나오잖아. 탄소 때문에 지구가 너무 더워지고 있다고. 하지만 그건 반쯤만 사실이야. 땅속에 얌전히 있던 탄소를 꺼내 하늘에 풀어놓은 건 바로 사람들이야.
"그런데 물어봐도 돼?"
무엇을?

탄소가 뭐야?

탄소의 정체가 궁금해?

탄소는 원소야!

이 세상을 만드는 기본 재료가 92가지 있는데, 그것을 원소라고 불러. 탄소는 우주에 있는 92개 원소 중에 1개의 이름이야.

"92개 중에 1개?"

시시해?

탄소가 무엇을 하는지 알게 된다면 너는 아마 깜짝 놀랄 거야.

02 탄소의 탄생

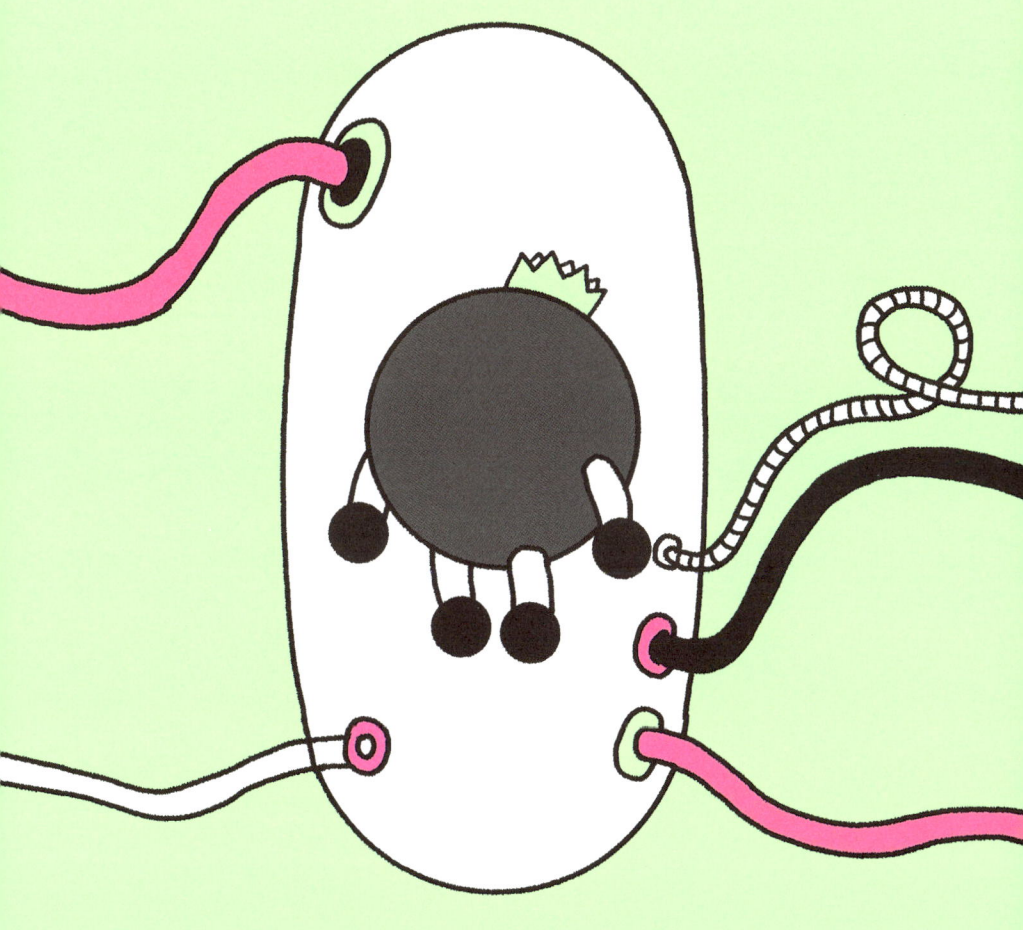

과학자들은 위대해.
수많은 사람들이 별을 보고 소원을 빌고, 별을 보고
아름다움에 감탄할 때 과학자들은 별이 굉장한 것을
만든다는 걸 알아냈지 뭐야.

**별이 원소를 만들어.
별이 세상의 재료를 만들어!**

별이 아름답게 보여?
별은 세상에서 가장 무시무시한 곳이야.

정말이라니까. 별 속에서 원소가 탄생할 때 어마어마한 핵에너지가 터져 나와. 핵폭탄의 위력도 원소 탄생의 순간에 비하면 아기의 귀여운 하품 같을걸.
별 속에서 수소와 수소가 뭉쳐 헬륨이 돼.
우리 태양도 매일매일 헬륨을 만들며 막강한 에너지를 내뿜고 있어. 그래서 태양이 그렇게 찬란하게 빛나는 거야.
하지만 헬륨이 끝이 아니야. 헬륨은 겨우 원소 탄생의 시작일 뿐이야.
별 속에서 헬륨과 헬륨과 헬륨이 뭉쳐 탄소가 되고, 헬륨과 헬륨과 헬륨과 헬륨이 뭉쳐 산소가 돼.

원소와 원소가 뭉쳐 새로운 원소가 탄생해!

들어 보았어? 나트륨, 칼슘, 마그네슘, 질소, 황, 알루미늄, 철……. 모두 별이 만든 원소들이야.

납과 구리, 금, 우라늄……. 철보다 무거운 원소들은 거대한 별이 폭발할 때 생겨나.

그런데 이상도 하지. 우주에 있는 원소의 종류가 하필 92개라는 거야. 과학자들이 원소를 찾아 샅샅이 헤매었는데 우주 만물의 재료가 딱 92개라니! 2개도 3개도 아니고 1000개도 아니고 왜 92개일까?

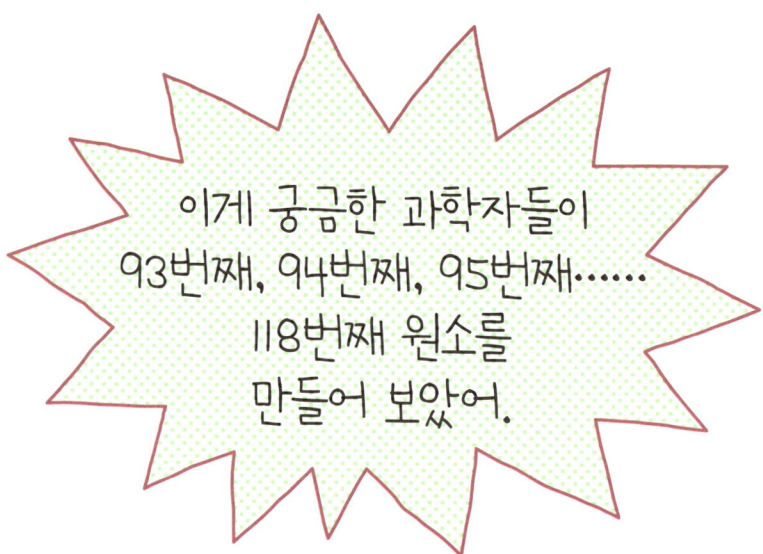

이게 궁금한 과학자들이
93번째, 94번째, 95번째……
118번째 원소를
만들어 보았어.

"정말?"

대단하지 않아? 원소는 원래 별이 만드는 건데 과학자들이 별들이 하는 일을 하고 있다는 거야!

이럴 수가!
과학자가 만든 인공 원소는 너무 불안정해서 순식간에
파괴돼 버려. 그래서 지금도 우주에 있는 원소들은
92개뿐이라는 거야.
지금 당장 밖으로 나가 하늘을 올려다봐. 머나먼 우주에서
별이 원소를 만들고 있어.

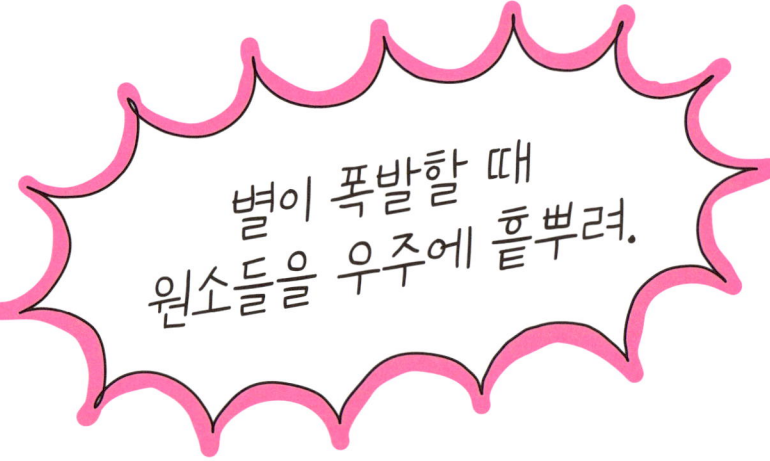

별이 폭발할 때 원소들을 우주에 흩뿌려.

원소들이 멀리멀리 퍼져 나가. 원소들이 우주를 떠돌아.
원소들이 서로 붙고 떨어지고 다시 결합하고…… 우주
먼지가 돼!

우주 먼지들이 우주 대여행을 시작해!

백 년, 천 년, 만 년, 억 년…….
아무리 떠돌아도 광대한 우주에서 보면 거기가 거기야. 우주 먼지들의 대여행을 영화로 만든다면, 장장 수억 년짜리 길고 지루하고 캄캄한 영화가 될 거야.

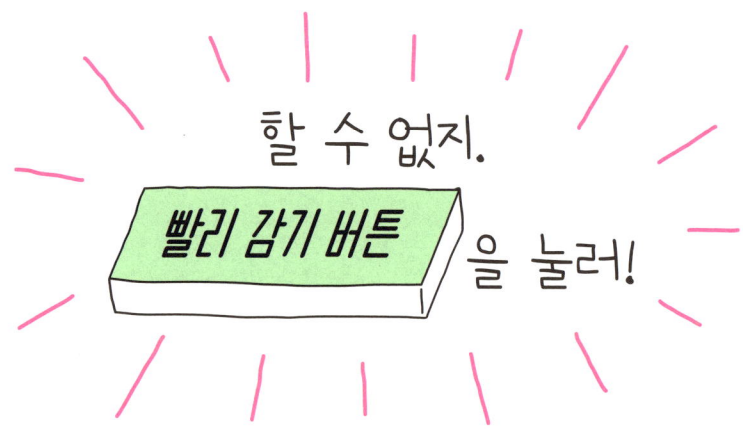

틱 쉬리리리리리리리리리릭——.
빨리 감기 버튼을 수천만 번쯤 누르면 이제야 뭔가가 나타나!
거대한 회오리가 보여?
원시 태양계가 거대하게 회오리치고, 우주 먼지들이 점점 빨려 들어. 원시 지구도 보여. 우주 먼지들이 뭉치고 뭉쳐 행성 지구가 돼!

그렇게 탄소가 지구에 왔어.
탄소가 지구 속에 묻혀 있어. 땅속에, 바위 속에, 바닷속에, 공기 속에 있어. 다른 원소들과 결합해 흙이 되고, 바위가 되고, 바닷속을 떠돌고, 공기가 되어 하늘을 날아다녀!

탄소는 오래오래 그렇게 있었어. 땅속에, 바위 속에, 바닷속에, 공기 속에…….
탄소가 지구에 오고 8억 년이 흘렀어.
지구의 바닷속에 무슨 일인가 일어나. 꼬물꼬물 세포가 탄생해!

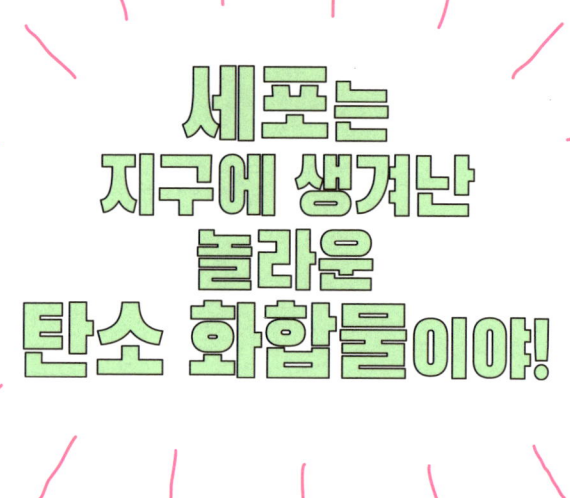

세포는
지구에 생겨난
놀라운
탄소 화합물이야!

세포는 살아 있는 동그란 주머니야.
동그란 주머니 속에 탄소 화합물이 들어 있어.
세포를 감싼 동그란 주머니도, 세포 속에 꼬물꼬물 조그만
물질들도 모두 탄소 화합물이야. 탄소 화합물이 세포 속에서
부지런히 일을 해. 복제하고, 분열하고, 에너지를 만들어.
세포 속에 꼬물꼬물 기다란 DNA가 보여?
DNA는 스스로 복제하는 놀라운 탄소 화합물이야.
네 몸속에도 DNA가 들어 있어. 너의 몸은 60조 개가 넘는
수많은 세포로 되어 있고, 세포마다 DNA 사슬이 46개씩
있어.

DNA가 탄소 화합물이라고?

탄소는 놀라운 원소야. 다른 원소들과 쉽게 결합해.
수없이 많은 탄소 화합물을 만들어.
세포 속에 DNA, 단백질, 탄수화물, 지방…… 머리부터
발끝까지 너의 몸은 거대한 탄소 화합물이야.
지구에 탄소 화합물이 넘쳐나.
이산화 탄소는 탄소 화합물이야.
플라스틱은 탄소 화합물이야.
나무는 탄소 화합물이야.
메탄가스, 식초, 석유, 석회암, 설탕, 쌀, 알코올, 카페인,
비타민도 탄소 화합물이야.
양초와 알약, 조개껍데기도!

호두

탄소 화합물이야!

탄소가

들어 있어.

다른 원소와 쉽게 결합하는 탄소의 능력이 없었다면 수없이 다양한 탄소 화합물이 이 세상에 없고, 그럼 너도 이 세상에 태어나지 못했을 거야.

탄소는 어떻게 그렇게 다른 원소들과 잘 결합할까?

탄소를 봐.

탄소의 모양에 비밀이 있어!

탄소에 팔이 4개 있어.

"어디? 어디?"

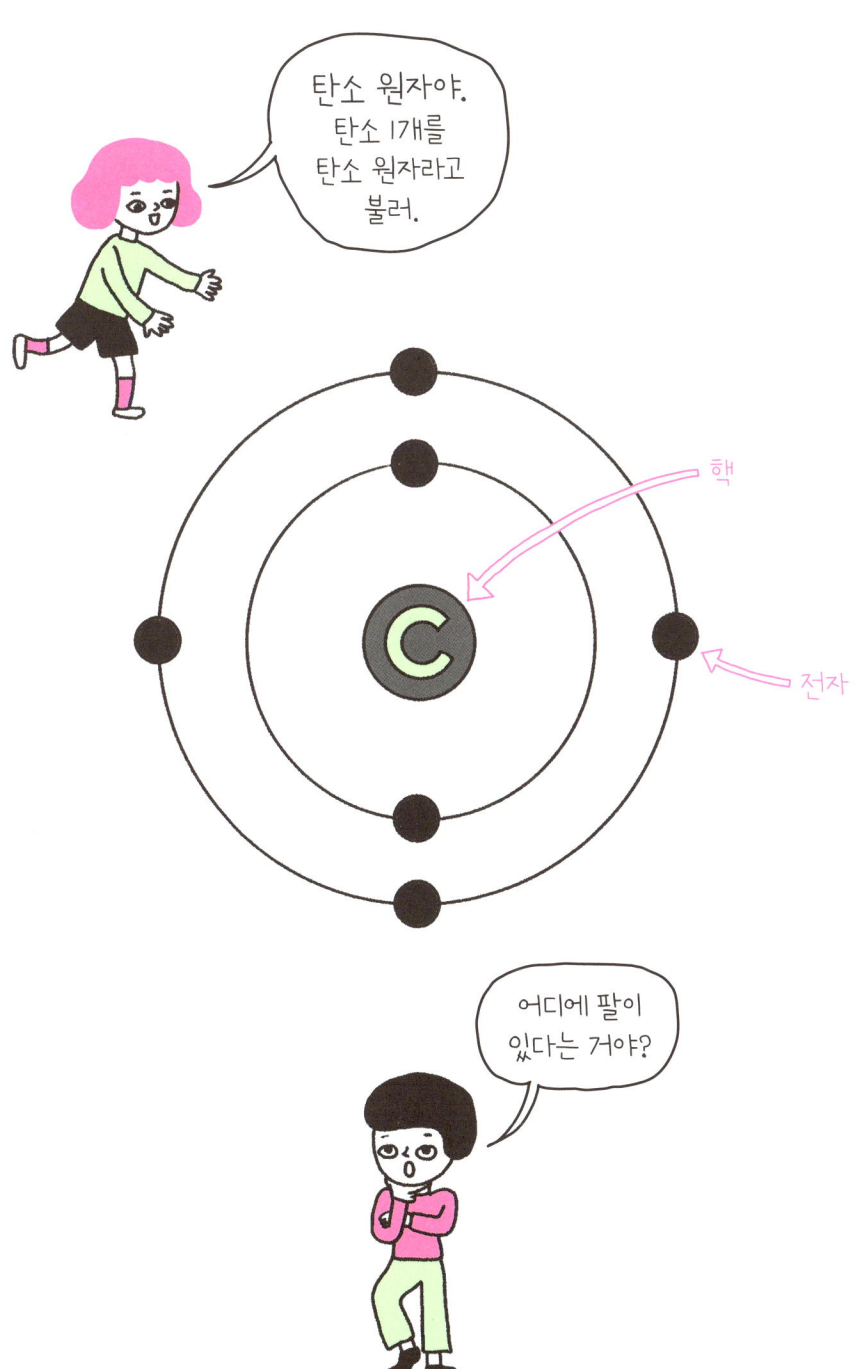

탄소 원자의 가장 바깥쪽에 전자가 4개 있어.
찾았어?
그게 바로 탄소의 팔이야!

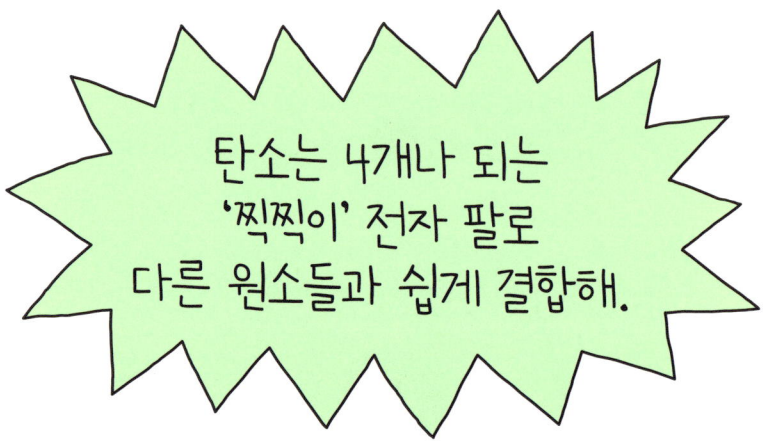

볼래?
팔 1개에 수소를 붙여.
팔 1개에 수소를 붙여.
팔 1개에 수소를 붙여.
팔 1개에 또 수소를 붙여!
이렇게 말이야.

네가 방귀를 뀔 때,
소가 방귀를 뀔 때 메탄가스가 나와.
집에서 쓰는 도시가스가

바로 메탄이야!

탄소와 수소들이 결합해서, 탄소도 아니고 수소도 아니고 완전히 새로운 물질이 돼!

탄소 1개, 산소 2개가 결합하면 이산화 탄소가 되고, 탄소 2개, 수소 4개, 산소 2개가 결합하면 식초가 돼. 탄소 12개, 수소 22개, 산소 11개가 결합하면 설탕이 돼.

탄소는 수많은 원소들과 팔짱을 끼고 복잡하게 결합할 수 있어. 이게 바로 탄소의 놀랍고 위대한 능력이야.

탄소 덕분에 수많은 화합물이 생겨나. 탄소 덕분에 우주에서 가장 신기한 생명이 탄생해!

생물은 매일매일 탄소 화합물을 먹어!
네가 자란다는 건 네 몸속의 세포가 분열해 자꾸 많아진다는 뜻이야. 맨 처음에 세포 1개가 불어나 지금 네 몸의 세포는 60조 개가 넘었어. 이렇게 많은 세포를 무엇으로 만들겠어?

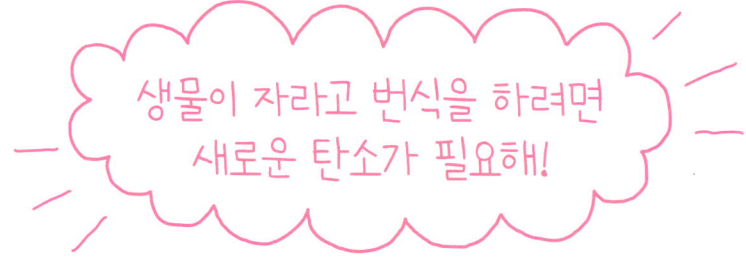

생물이 자라고 번식을 하려면 새로운 탄소가 필요해!

그래서 동물은 탄소 화합물을 잡아먹어. 다른 동물을 잡아먹거나 식물을 뜯어 먹어서 탄소를 섭취해. 세균은 음식 쓰레기나 죽은 생물을 먹어서 탄소 화합물을 섭취해. 하지만 식물은 음식 쓰레기도 안 먹고, 다른 생물을 잡아먹지도 않아. 식물이 어떻게 탄소를 먹는지 볼래?

식물은 공기 중에 있는
이산화 탄소를 낚아채!
잎에 공기가 드나드는 조그만 기공이
수없이 많아!

식물은 천재 화학자야. 이산화 탄소 조금, 물 조금, 햇빛 조금으로 잎과 줄기, 열매와 뿌리를 만들어 낸다니까!
만약에 동물이 식물처럼 이산화 탄소로 영양분을 만들 수 있다면 온종일 콧구멍을 벌름거리며 누워 있기만 해도 될 거야. 사냥도 안 하고 온종일 풀을 찾아 헤맬 필요도 없어.
"그럼 동물이 아니잖아."
그건 그래.

초식 동물은
탄소를 먹은 식물을 먹고,

▼

육식 동물은
탄소를 먹은 식물을 먹은
초식 동물을 먹고,

▼

사람은
탄소를 먹은 식물과 탄소를 먹은
식물을 먹은 동물을 먹어!

뭐라는 거야!

앞으로는 맛있는 걸 먹을 때마다 기억해. 탄소가 지금 목구멍으로 넘어가고 있다는 걸. 네가 열심히 탄소를 먹은 덕분에 너의 몸은 탄소로 가득 차 있어.

물을 제외하고 나면 네 몸무게의 절반이 바로 탄소의 무게야!

볼래?

너의 몸은 거대한 탄소 화합물이고 우리는 모두 탄소를 먹고 살아.

아무도 쇳덩이나 모래알을 밥으로 먹지 않는 건 맛이 없어서나 딱딱해서가 아니야. 탄소가 들어 있지 않기 때문이야!

05 탄소 화합물 쪼개기

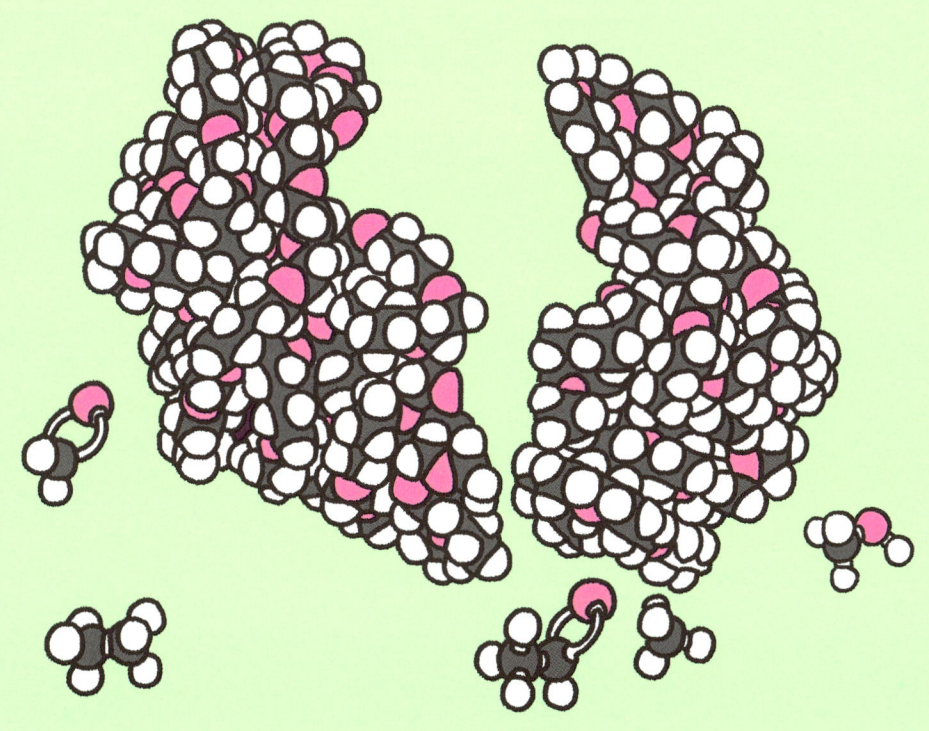

축하해! 너는 방금 탄소를 배출했어.
"무슨 소리야?"
만약에 네가 먹은 탄소가 몸속에 그대로 있다면 너는 매일매일 커져서 죽을 때쯤 되면 덩치가 거대한 산만 해질 거야.
"말도 안 돼!"
물론 그런 일은 일어나지 않아. 음식이 몸속에 들어가면 위와 창자가 탄소 화합물을 분해해. 몸의 필요한 곳으로 보내고 쓰레기는 배출해. 똥과 이산화 탄소로 말이야.

네가
탄소 화합물을 먹으면
몸속에서 조각조각
해체돼.
이때 열과
에너지가 생기고
쓰레기로
이산화 탄소가 나와!

탄소 화합물은 마치 이어 붙이기도 쉽고 떼기도 쉬운 레고 블록 같아! 탄소 화합물 레고 블록이 더 작은 탄소 화합물 레고 블록으로 떨어질 때 에너지와 열이 나와. 이때 산소가 필요해. 산소가 바로 해체 도움 전문 요원이야. 너는 매일매일 산소를 마시고, 매일매일 이산화 탄소 쓰레기를 내보내.

네가 생각하고, 달리고, 게임을 할 수 있는 건 탄소 화합물이 쪼개질 때 에너지가 나오기 때문이야.

너의 몸이 언제나 36.5도라고?

탄소 화합물이 쪼개질 때 열이 나오기 때문이야.

천만다행이지 뭐야. 그렇지 않다면 너는 점점 식어서 페트병이나 레고 블록만큼 차가워질 테니까 말이야.

그런데 이거 알아?
네 몸속에서 탄소 화합물이 소화될 때 일어나고 있는 일이
양초가 탈 때도 일어나고 있어!
"정말?"

양초가 공기 중에서 타올라.
양초 속의 탄소가 산소와 만나 열과 에너지가 생겨!
쓰레기로 이산화 탄소가 생겨!
몸속에서 음식이 소화되는 것과 똑같은 원리로 양초가
타올라. 양초는 급격하게 타올라 에너지를 순식간에
내보내며 뜨거운 불꽃을 피워. 몸속의 탄소 화합물은 천천히
느릿느릿 타. 그래서 불이 나지 않아!

몸속의 탄소 화합물을 태우거나 양초의 탄소 화합물을 태울 때는 에너지가 조금밖에 안 나와.
그런데 에너지를 엄청나게 내는 탄소 화합물이 있어. 밤을 대낮처럼 밝히고, 웅웅 웅웅 슈퍼컴퓨터를 돌리고, 하루 만에 거대한 물체를 지구 반대편으로 날려 보내!
뭘까?

06 탄소 화합물의 괴력

그건 시커멓고, 끈적끈적해. 깊고 어두운 땅속에 숨어 있어.
수억 년 동안 아무도 몰랐어. 그런데 어느 날 땅속에서
스멀스멀 새어 나왔어. 그걸로 불을 밝혔어. 활활 타올랐어.
석유는 괴력을 가진 탄소 화합물이야!
어어 어어~. 조심해!
자기 얘기가 나오니까 탄소 왕국 회의장에 석유통 부대가
굴러오잖아.

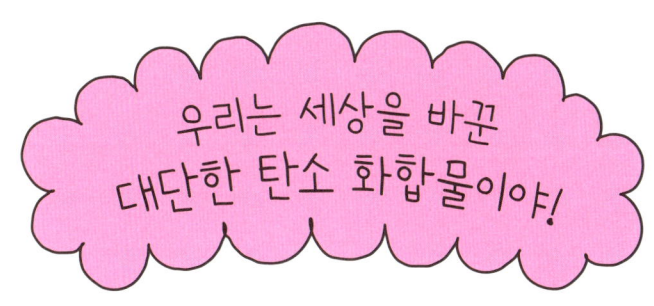

석유가 왜 잘 타는지 알아?

"석유니까 그렇지."

그러니까 왜 그런 거야?

"석유니까……."

생각해 봐. 종이는 잘 타. 나무도 잘 타. 기름도 잘 타. 종이, 장작, 식물성 기름, 동물성 기름…… 모두 탄소 화합물이야. 생물의 몸속에 들어 있었던! 석유도 먼먼 옛날 살아 있는 생물이었어!

"시커멓고, 끈적끈적하고, 냄새도 지독한데? 석유가 생물이었다고?"

그렇다니까. 수천만 년쯤 전에 호수나 바닷가에 살던 미생물과 벌레들의 사체가 석유가 되었거든! 죽은 생물들이 어떤 이유론가로 한꺼번에 수없이 땅속에 묻히고, 그 위에 흙이 쌓이고 또 쌓이고, 오랜 시간 동안 깊은 땅속에서 열과 압력에 짓이겨 끈적끈적하고 시커먼 석유로 변했어. 수없이 많은 생물의 사체가 압축되고 압축되고 압축되어서 적은 양으로도 더 많은 에너지를 낼 수 있는 거야.

"뭐야, 연탄이잖아!"

연탄은 석탄으로 만들어.

석탄은 석유보다 더 오래전에 생겨났어. 3억 5천만 년쯤 전에 키가 크고 가는 잎이 무성한 나무들이 지구에 무수히 번성하기 시작했어. 우람한 나무들이 죽어 늪으로 쓰러져 땅속에 묻히고, 오랜 시간 동안 열에 달구어지고 압력에 짓눌려 석탄이 되었어.

수억만 년 전에 땅속에 묻힌 미생물과 커다란 나무들은 꿈에도 몰랐을 거야. 먼먼 훗날 인간을 위해 에너지를 만드는 연료가 될 줄 말이야.

석유와 석탄은 양초나 장작이 타는 것보다 훨씬 더 많은 에너지를 낼 수 있어. 화력 발전소에서 석유와 석탄을 태워 쉬지 않고 전기를 만들어. 석유를 태워 자동차와 기차가 달려. 비행기가 하늘을 날아.

기계와 공장, 식물과 동물이 모두 탄소를 태워 에너지를 만들어!

그런데 쉿!

지금부터 몇십 년 전에 놀라운 일이 일어났어. 과학자들이 석유보다 더 놀라운 탄소 화합물을 발견했어.

그건 석유로 만들었는데, 석유나 양초, 음식처럼 에너지를 만드는 데 쓰이지 않았어.

그건 세상의 모든 물건이 되었어!

07
플라스틱 탄소

플라스틱은 인류가 발명한 위대한 탄소 화합물이야. 그저 방바닥에 굴러다니는 레고 블록이나 냉장고 속에 들어 있는 반찬 통의 하찮은 재료 신세가 아니라고.

플라스틱은 초초초초거대 탄소 화합물이야!

비닐봉지 한 개를 이루는 원소들을 그대로 다 쓰려고 해도 종이가 모자랄걸!

"초초초초거대 탄소 화합물? 괴물이야?"
원소들의 눈으로 보면 그럴지도!
"그런 걸 어떻게 만들어?"
어떻게 만들겠어?
못 만들어!
아무리 과학자라도 그렇게 굉장한 걸 완전히 새로 발명할 수는 없어.

"그럼 어떻게 만든 거야?"
초거대 화합물이 벌써 지구에 있었기 때문이야. 땅속에서 퍼 올린 석유 말이야. 과학자들이 석유를 이용해 초초초초거대 탄소 중합체를 만들었어. 그게 바로 플라스틱이야!
초초초초거대 탄소 화합물 플라스틱은 종류도 많고, 열과 압력을 가해 주물주물 원하는 모양으로 얼마든지 가공할 수 있어.

두꺼운 것

얇은 것

납작한 것

기다란 것

딱딱한 것

부드러운 것

늘어나는 것

구부러지는 것

말랑말랑한 것

푹신푹신한 것

울퉁불퉁한 것

매끄러운 것

투명한 것

반쯤만 투명한 것

하나도 안 투명한 것

질긴 것

단단한 것

찌그러지는 것

흐물거리는 것

……

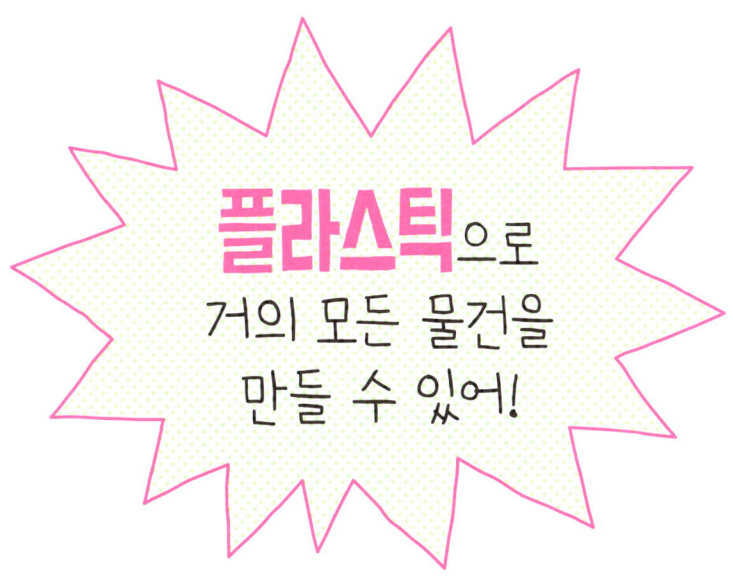

플라스틱으로 거의 모든 물건을 만들 수 있어!

옷, 스타킹, 베개, 신발, 밥그릇, 헬멧, 레고 블록, 필통, 쓰레기통, 장바구니, 풍선, 숟가락, 젓가락, 소파, 콘센트, 모자, 가구, 반찬 통, 카펫, 빨대, 크리스마스트리, 안경테, 비닐봉지, 껌, 타이어, 스티로폼, 자동차의 에어백, 질기고 질긴 방탄복까지도! 비행기와 첨단 우주선에도 플라스틱이 들어가!

탄소를 공부하면 알게 돼.
플라스틱, 석탄, 석유…… 인간이 발견하고 발명한 대단한 것들이 대부분 탄소 화합물이야.

플라스틱도, 석유도, 종이도, 고무도, 진통제와 항생제도!

"약도?"
그렇다니까. 대부분의 약은 식물에서 왔어.
식물은 물론 탄소의 화합물이고!

자다가도 벌떡벌떡 너무 놀라워.
아무리 생각해도
이토록 기막힐 수가!
탄소 때문에 생명이 탄생했어.
탄소 덕분에
인류의 문명이 탄생했지 뭐야?
탄소 화합물을 태워
불을 피우고
탄소 화합물 씨앗을 심고
탄소 화합물로
옷과 움막을 만들어!

그러더니 마침내는
탄소 화합물로
전기를 만들었어!
공장을 돌리고
자동차를 굴리고
하늘로 슝! 비행기까지
날려 보내.
조그만 알약과 영양제부터
항생제까지 인류를
병에서 구원해!
탄소 화합물은
고상하기도 하지.
종이와 책이 되어 사람들을
똑똑하게도 만든다니까!

과학자들이 지금도 수많은 탄소 화합물을 연구하고 있어. 이 세상의 탄소 화합물이 3천만 가지가 넘어!
이 방대한 학문은 유기 화학이라 불리고 대학교에도 유기 화학 과목이 있어. 하지만 탄소 화학이라는 말이 더 쉽고 더 잘 어울려.
언젠가 네가 유기 화학을 배운다면 유기 화학책이 너무 두껍고, 너무 지루하고, 너무 어렵고, 너무 외울 게 많다고 툴툴대지 말기를! 그건 탄소가 얼마나 위대한지 모르기 때문이야.

08 탄소 발자국

지구에 있는 탄소의 무게를 모두 합치면 얼마일까?
"그걸 어떻게 알아!"

75,000,000,000,000,000,000,00
킬로그램이야!

"일, 십, 백…… 억……. 도대체 얼마야?"

# 탄소는 돌고 돌아.

앗! 방금 너의 콧구멍으로 **이산화 탄소**가 튀어나왔어.

하늘을 떠돌다 풀잎에 내려앉아.  잎 속으로 빨려 들어가.

 지나가던 염소가 풀잎을 뜯어 먹어. 염소가 죽고 세균이

죽은 염소를 분해해. **탄소**가 스멀스멀 새어 나와.

 비가 내려. 탄소가 빗물에 녹아 바다로 흘러가.

바다에 녹아 **탄산**이 돼. 뽀글뽀글!

 플랑크톤이 탄산을 먹어.

 조개가 먹고 **탄산 칼슘** 껍데기를 만들어.

조개와 플랑크톤이 죽어서 바다 밑바닥에 쌓여.

그 위에 흙이 쌓이고 또 죽은 생물이 가라앉고 또 흙이 쌓여.

오래오래 시간이 흘러 탄산 칼슘 바위가 돼.

**석회암**이야!

탄소가 오래오래 석회암 속에 갇혀 있어.

어느 날 지진이 나고 바다 밑 땅이 솟아올라!

우르릉 쾅! 화산이 폭발해! 탄소가 하늘로 튀어나와.

다시 **이산화 탄소**가 되어서 말이야.

탄소는 땅속에 묻혀 있다가 하늘을 떠돌아다니다가 생물의 몸속에 들어갔다가 바닷물에 녹았다가 바위가 되었다가 화산이 폭발할 때 펑! 빙글빙글 잘 돌고 있었어. 그런데 말이야. 괴이한 일이 일어나기 시작했어.

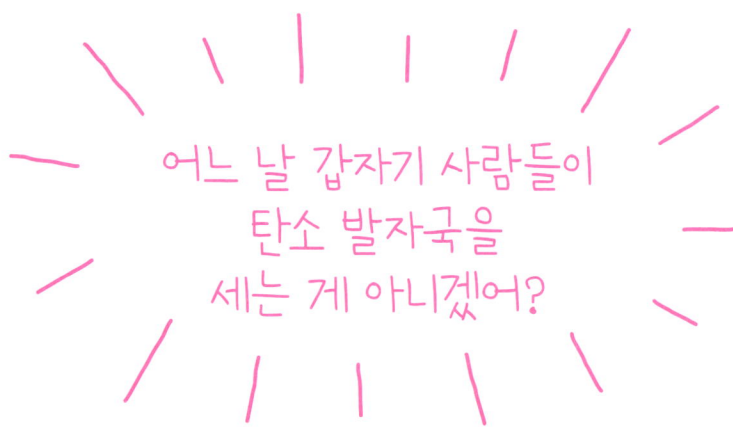

어느 날 갑자기 사람들이
탄소 발자국을
세는 게 아니겠어?

공룡 발자국도 어떻게 생겼는지 알고 독수리 발자국도 알 수 있는데, 탄소 발자국은 도대체 무슨 모양일까? 얼마나 큰 걸까? 어디에 생기는 걸까? 어느 날 갑자기 생겨난 걸까?

과자 한 봉지를 만들 때
탄소 발자국 250그램이 생겨.

청바지 한 개를 만들 때
탄소 발자국 32500그램이 생겨.

컴퓨터를 100시간 사용하면
탄소 발자국이 9000그램,

스마트폰을 일 년 사용하면
탄소 발자국이 112000그램이야!

사람들이 말하길, 이산화 탄소 때문에 온실가스가 많아지고 기후 위기가 닥쳤다면서 탄소 발자국을 추적해야 한대. 몇백 년 전에도 몇천 년 전에도 탄소 발자국이 있었는데, 그때도 탄소 발자국을 세었다면 지구의 탄소 발자국이 별로 늘어나지도 줄어들지도 않는다는 것을 알았을 거야.

> 동물이 이산화 탄소를 내보내고,
> 식물이 그걸 먹어!
> 남은 이산화 탄소가 하늘로 올라가.
> 그래도 문제없어.
> 언젠가 빗물에 녹아
> 바다로 사라져!

그런데 여기에 공장과 자동차가 끼어들었어. 발전소에서 석탄과 석유를 태워 전기를 만들 때 이산화 탄소가 뿜어져 나와. 사람들이 숲을 베어 내고 거대 농장과 목장에서 가축 떼가 이산화 탄소를 마구마구 뿜어 대고 있어. 탄소 발자국이 계속 계속 증가하고 있어!

200년 전의 어느 과학자는 앞으로 이산화 탄소가 위험할 만큼 늘어나려면 3000년쯤 걸릴 거라고 말했는데 보기 좋게 틀렸어. 유명한 과학자도 이산화 탄소가 이렇게 갑자기 불어날 줄 몰랐을 거야.

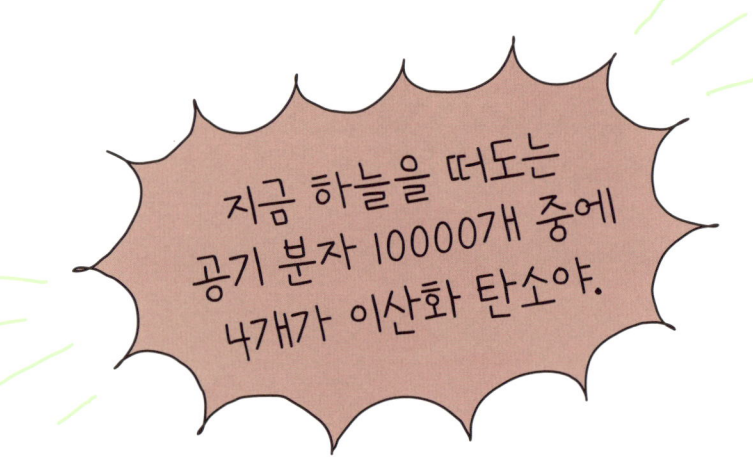

"겨우?"
겨우라고?
공기 분자 10000개 중에 5개만 되어도 지구의 재앙은 돌이킬 수 없어.
이산화 탄소는 100년이 넘도록 하늘을 떠돌아!

오늘 당장
탄소 발자국을
줄여도 100년쯤
뒤에나 간신히
이산화 탄소가
줄어들기
시작한다고!

만약에 인류가 땅속에 있는 석탄과 석유를 모두 파내 태우는 날이 온다면, 하늘에 이산화 탄소가 지금보다 10배로 불어날 거야.

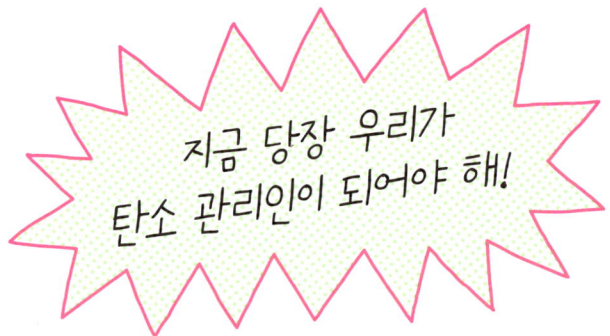
지금 당장 우리가 탄소 관리인이 되어야 해!

이제 더 이상 이산화 탄소를 내뿜으면 안 돼.
지구는 너무 빨리 더워지고 있어!
2030년 어느 날, 국가에서 명령이 내려.
'모든 자동차를 국가에 반납하시오!'
'전기를 눈곱만큼만 사용하시오!'
'게임은 절대 금지!'
'해외여행을 하고 싶다면 걸어서 가시오.
자전거, 보드, 마차는 됨!'

말도 안 돼!

이대로 석유와 석탄을 마구 캐내고, 지구의 인구만큼 많은 자동차를 굴리고, 전기를 펑펑 쓰다간 하늘에 이산화 탄소가 너무 많이 불어나서 인류는 더 이상 지구에 살 수 없게 될 거야. 그래서 나라에서 긴급 명령을 내렸어.

어느 날 갑자기 이런 날이 닥칠 수밖에 없다고 상상해 봐!

"말도 안 돼!"

말도 안 돼!

그러니까 인류는 당장 무엇인가를 해야만 한다고.

"무엇을?"

탄소 제로!

"그게 뭐야?"

하늘로 내뿜은 탄소 - 거둬들인 탄소 = 0

이게 바로 **탄소 제로**야!

이산화 탄소를 배출한 만큼 거둬들여!
"어떻게?"
그건 방귀를 도로 주워 담는 것만큼 어려운 일이야. 그래도 해야 해.

공기 중에서 이산화 탄소만 모아. 땅속에 묻어!

"푸하하! 말도 안 돼!"
공상이 아니야. 과학자들이 정말로 진지하게 그런 생각을 했어. 화력 발전소와 공장 주위에 어마어마하게 커다란 흡입기를 설치하는 거야. 공기를 걸러서 이산화 탄소를 모은 뒤 땅속 깊이 묻어.

여러 나라에서 이산화 탄소를 포집하고 땅속에 묻는 시설을 개발하고 있어. 하지만 가장 큰 문제는, 혹시라도 땅속에 묻은 이산화 탄소가 새어 나올지도 모른다는 거야. 100년쯤 뒤에 그런 일이 일어날지 1000년쯤 뒤에 그런 일이 일어날지 안 일어날지 아무도 몰라. 그러니 이산화 탄소를 안전하게 영영 묻을 수 있는 방법을 계속 연구하고, 쉽게 할 수 있는 다른 방법도 찾아야 해.
생각해 봐. 우리는 이산화 탄소를 먹어 치우는 녀석을 잘 알고 있어.
"식물이잖아!"
빙고!
이산화 탄소를 줄여야 한다고? 나무들을 많이 많이 심어! 하지만 사람들은 계속 계속 나무를 태워 버리고 있어. 육지를 나무로 채워도 모자랄 텐데, 세계 곳곳에서 숲을 태우고 거기에 목장과 농장과 공장을 만들어. 이산화 탄소는 눈에 보이지 않고, 숲을 태워서 벌어들이는 돈은 당장 눈에 보이기 때문이야.
이산화 탄소를 안전하게 땅속에 묻고, 나무를 심고…… 할 수 있는 건 다 해야 해.

어쩌면 이산화 탄소를 재활용할 수 있을지 몰라!

"푸하하! 이산화 탄소가 깡통이야?"
그러니까 말이야. 깡통도 비닐봉지도 종이도 재활용하는 세상인데, 이산화 탄소를 재활용할 수는 없을까? 이산화 탄소는 독이 없고, 냄새도 없어. 게다가 이미 너무 많아서 문제잖아?
하지만 어떻게 눈에 보이지도 않는 이산화 탄소를 재활용하지? 너무 어려워. 지구에서 이산화 탄소를 재활용해서 쓸모 있는 걸 만들어 낼 수 있는 기술은 식물밖에 몰라.

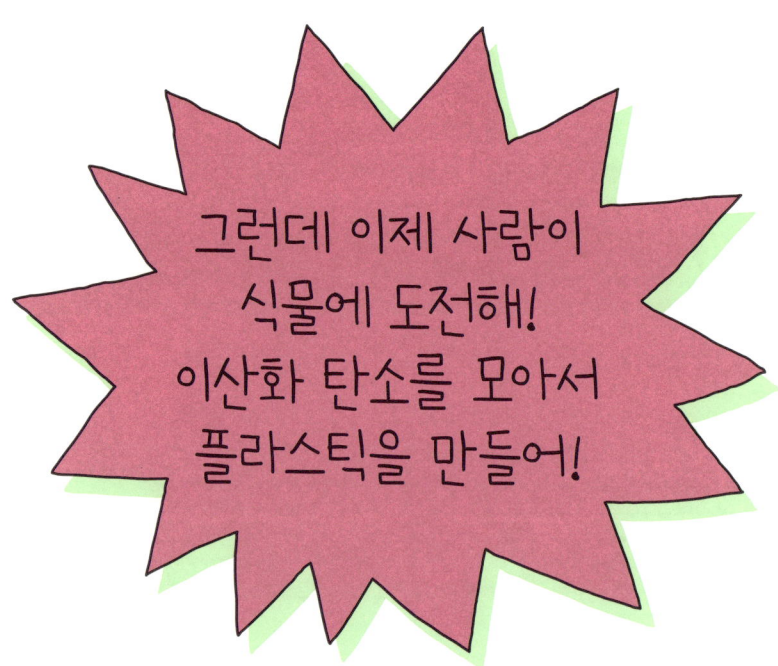

그런데 이제 사람이 식물에 도전해! 이산화 탄소를 모아서 플라스틱을 만들어!

2008년에 우리나라 아주대 연구팀이 프로필렌옥사이드라는 물질에 이산화 탄소를 첨가해서 플라스틱을 만들었어. 프로필렌옥사이드 액체 56그램, 이산화 탄소 44그램으로 이산화 탄소 플라스틱 100그램이 탄생했어.

"진짜 플라스틱이야?"

진짜 플라스틱이야!

이산화 탄소로 만든 종이는 어때?

폐지와 이산화 탄소로 친환경 종이를 만들어.

"정말?"

우리나라 지질 자원 연구소에서 개발한 기술로 A4 용지 6000박스를 만들어 2018년 평창 올림픽 때 국제 방송 센터에 기증했다니까.

이산화 탄소 페트병, 이산화 탄소 비닐봉지, 이산화 탄소 반찬 통, 이산화 탄소 종이가 어서 세상에 나와서 사용되면 좋겠어!

10 탄소 100퍼센트 물질

이런 상상을 해 봐.

만약에 지구에서 탄소 화합물이 모두 사라지면 어떻게 될까? 하루아침에 식물과 동물, 이산화 탄소, 플라스틱, 책, 석유가…… 몽땅 사라져!

아침에 너는 시멘트 바닥에서 눈을 뜰 거야. 침대도 이불도 사라지고 없거든. 잠옷도 사라지고 없어서 발가벗고 있을걸.

"시멘트는 안 사라져?"

앗, 제법인데! 시멘트에도 탄소가 들어 있어. 시멘트 바닥도 사라져야 마땅해! 사실은 너도 사라지고 없지만 그래도 우리는 이 책의 주인공이니까 남겨 두기로 해. 배가 고파. 그런데 주방에 가도 먹을 게 없어. 냉장고도 음식도 없어!

앗, 저게 뭐지?

책상도 이불도 옷장도 책가방도 아무것도 없는데, 바닥에 가늘고 길고 시커먼 뭔가가 있어.

"뭐야?"

연필심이야!

연필심의 재료는 흑연인데, 흑연은 탄소로 되어 있어.

"그런데 왜 안 사라져?"

이건 탄소 화합물만 사라지는 상상놀이야. 흑연은 탄소 화합물이 아니야.

흑연은 100퍼센트 탄소야!

다른 원소가 하나도 안 섞이고 오로지 탄소로만 되어 있어!

엄마 방에 가 봐.

엄마도 사라지고 다이아몬드만 남아 있을지 몰라.

다이아몬드도 100퍼센트 탄소야!

탄소는 이상하고 신기한 원소야. 다른 원소와 결합해 수많은 탄소 화합물을 만들어.

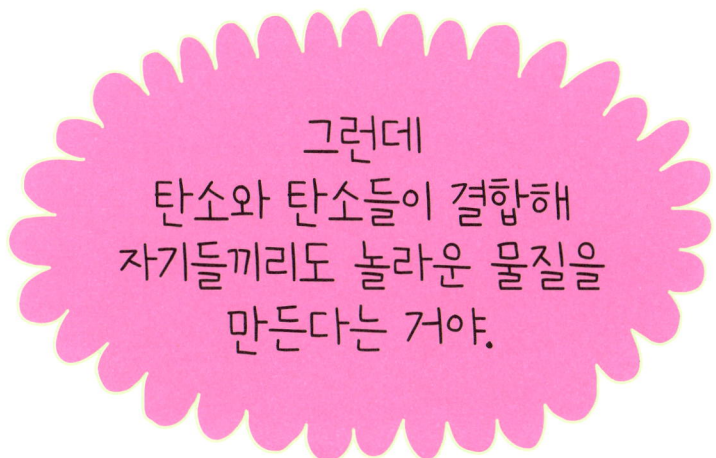

그런데
탄소와 탄소들이 결합해
자기들끼리도 놀라운 물질을
만든다는 거야.

흑연, 다이아몬드, 숯은 탄소와 탄소만으로 된 기이한
물질이야. 탄소와 탄소가 이런 모양으로 결합하면 세상에서
가장 단단하고 영롱한 다이아몬드가 되고, 저런 모양으로
결합하면 시커먼 흑연 덩어리 연필심이 돼!
똑같이 탄소로만 되어 있기 때문에 다이아몬드를
연필심으로, 연필심을 다이아몬드로 바꿀 수 있어!

다이아몬드를 흑연으로 바꾸고, 흑연을 다이아몬드로 바꾸는 실험

하지만 흑연을 다이아몬드로 만들기는 너무 어려워. 수많은 발명가들이 억만장자가 되려고 흑연 덩어리를 달구고 달구었지만 200년 만에 간신히 성공했어. 다이아몬드를 사는 게 차라리 더 나았을 거야. 실험 비용이 훨씬 더 비싸게 들었거든. 다이아몬드는 10만 기압, 3000도에서 흑연이 돼!
그런데 너 혹시 몸속에 다이아몬드나 흑연이 들어 있는 생물을 본 적 있어?
"없는 것 같아. 없어!"
이상한 일이야.
생물의 몸속에 탄소가 그렇게 풍부한데도 순수한 탄소 물질이 몸속에 없다니!
"왜?"
100퍼센트 탄소는 생명체에게 쓸모가 없기 때문이야!

너는 탄소 화합물을 먹고, 탄소 화합물을 태워서 에너지를 만들어. 밥은 훌륭한 탄소 화합물이고, 산소가 있으면 잘 타서 에너지를 만들어. 하지만 순수한 탄소는 그렇지 못해. 산소 탱크를 매달아도 안 타!

순수한 탄소는 엄청나게 높은 온도에서 타오르기 때문이야. 흑연은 600도가 넘어야 타고, 다이아몬드는 720도쯤에서 타오르기 시작해. 이렇게 높은 온도에서 에너지를 만든다면, 만약에 흑연이나 다이아몬드를 진짜로 먹을 수 있다 해도 우리 몸속에 활활 불이 나고 말 거야.

"헐!"

그래서 순수한 탄소 물질은 몸속에 없어. 하지만 과학자들에게는 지대한 관심거리야.

과학자들은 오래전부터 의심했어. 오로지 탄소로만 되어 있는 흑연과 다이아몬드가 그렇게 다를 수 있다니! 흑연과 다이아몬드는 축구공과 조개껍데기만큼이나 달라. 탄소가 결합한 모양에 따라 그렇게나 다른 물질이 될 수 있다면 또 다른 탄소 구조체가 있을지 몰라.

그런데 정말로 있었어!

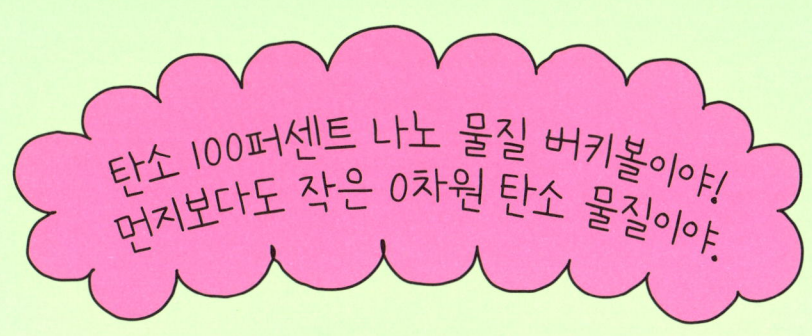

탄소 100퍼센트 나노 물질 버키볼이야!
먼지보다도 작은 0차원 탄소 물질이야.

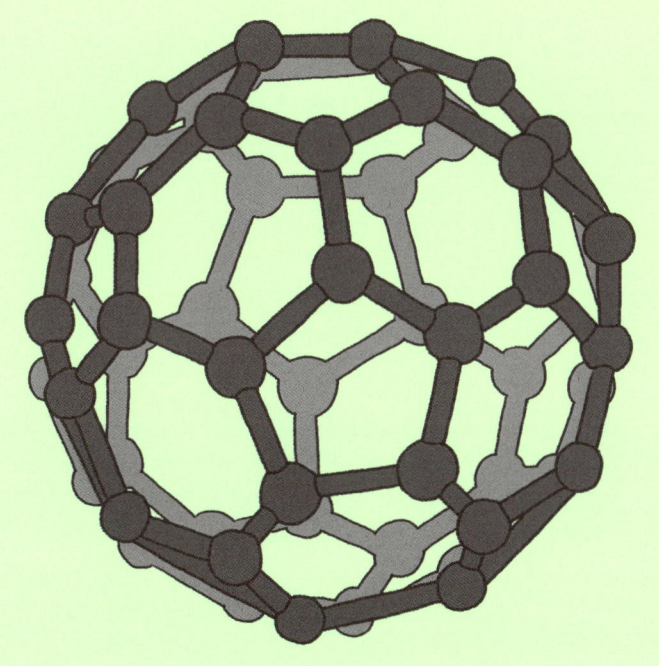

1985년, 미국 항공 우주국의
천체 망원경 스피처가 6500광년 떨어진
우주 먼지 구름 속에서 발견했어!

과학자들이 깜짝 놀랐어. 버키볼은 탄소 원자 60개로 된 작고 작고 작고 작고 작고 작은 축구공 모양이었어. 꼭 우주에 마술을 부리는 나노 과학자가 있는 것 같았다니까. 세상에, 탄소 원자 60개가 스스로 조립되어 기상천외한 물질이 되었다니!

그렇다면 지구에서도 만들어 보기로 해.

진공 장치에 흑연을 넣고 초강력 레이저를 쏴. 50억분의 1초 동안 급격하게 냉각시켜. 탄소 원자가 흑연의 표면에서 떨어져 나와 버키볼을 만들어!

훗날 최초로 버키볼을 만든 3명의 과학자들이 노벨 화학상을 받았어.

1990년에 또 다른 연구팀이 버키볼을 신속하고 값싸게 대량 합성해 버키볼 1그램을 만드는 데 성공했어!

"1그램?"

1그램이나!

대량 합성 기술이 화학 학회에서 발표되었을 때 학회에 참석한 화학자들이 자기도 빨리 만들어 볼 생각에 마음이 어찌나 급했던지 모두 연구실로 돌아가 버리고, 다음 발표자는 텅 빈 학회장에서 빈 좌석을 앞에 두고 발표를 했다지 뭐야.

우리는 모두 버키볼 형제들이야!
우주에서 발견되었어.

탄소 원자 60개로 조립된 최초의 버키볼부터
탄소 원자 70개, 76개, 78개, 80개,
82개, 84개짜리가 있어.

버키볼은 아주 안정된 구조여서 아주 높은 열과 압력에도 끄떡없어. 변하지 않고 빛과 전기를 잘 흡수해. 버키볼로 에너지 혁명이 가능할지 몰라. 버키볼을 이용한 태양 전지는 아주아주 얇고 가벼워서 벽지, 커튼, 창문에 인쇄하듯 붙일 수 있어. 집집마다 벽지와 커튼, 창문이 작은 발전소가 되는 거야!

그런데 버키볼이 끝이 아니었지 뭐야. 과학자들이 버키볼을 만들다 우연히 또 다른 탄소 나노 물질을 발견했어. 그건 가늘고 기다란 대롱 모양이었고, 탄소 나노 튜브라는 이름을 얻게 되었어.

탄소 원자로만 된 또 다른 물질이 있을까? 과학자들이 마음을 설레며 찾고 있어.

웅성웅성! 탄소 왕국에 신소재 귀족들이 납셔!

탄소 나노 튜브 공작, 그래핀 백작, 시클로 카본 후작이야!

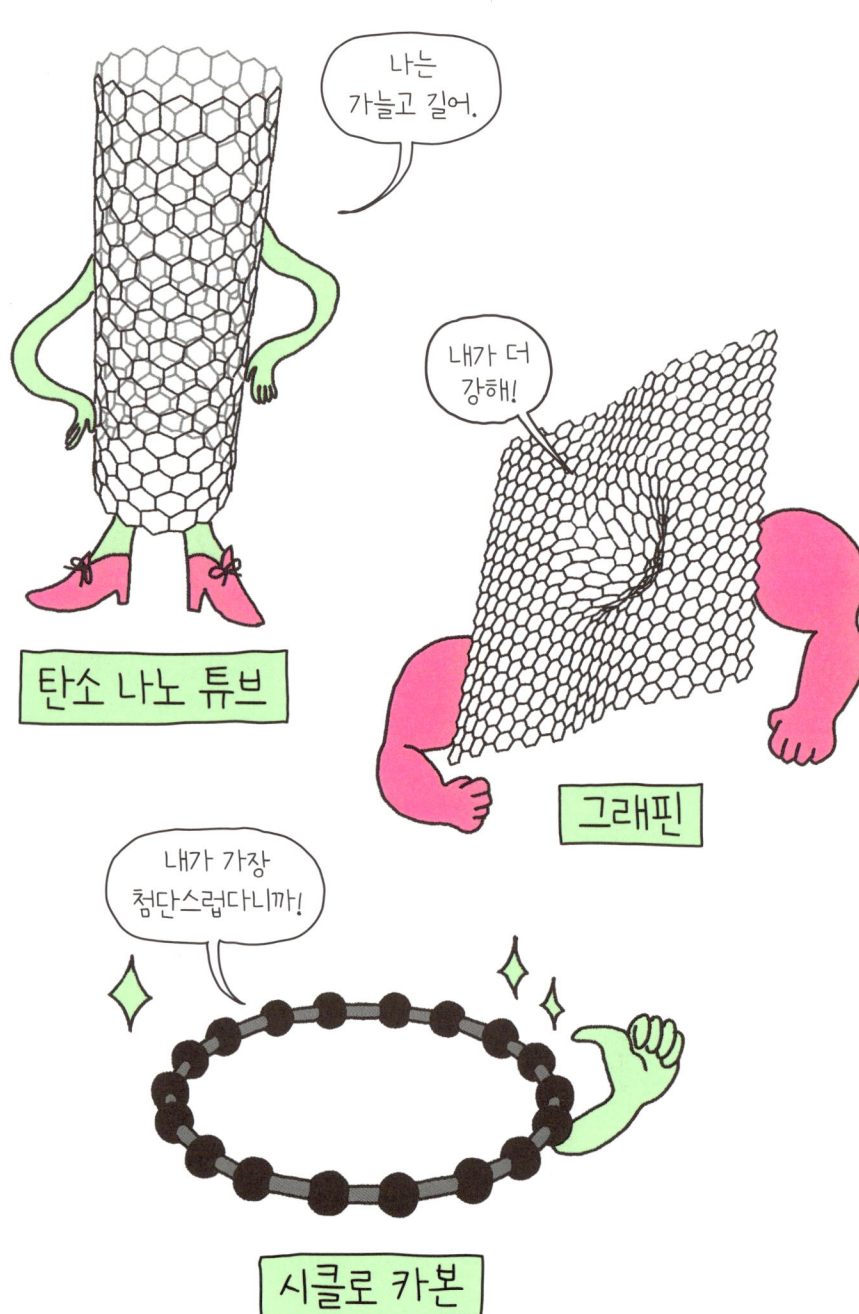

탄소 나노 튜브는 강철보다 100배 더 강해. 미래에는 탄소 나노 튜브로 우주 엘리베이터를 만들 거야. 탄소 나노 튜브를 여러 가닥으로 꼬면 지름 1센티미터 줄로도 1200톤을 끌어올릴 수 있어.

그래핀은 꿈의 나노 물질이라 불려. 그래핀은 구리보다 100배 전기가 잘 통하고, 강철보다 200배 더 강해. 가까운 미래에 초고속 반도체, 휘어지는 디스플레이, 첨단 방탄복에 쓰이게 될 거야.

시클로 카본은 가장 최근에 발견되었어. 탄소 원자 18개로 이루어져 있어. 다이아몬드, 흑연, 버키볼, 그래핀, 탄소 나노 튜브와 결합할 수 있어서 무한대에 가까울 만큼 새로운 화합물을 만들 수 있을 거라 기대하고 있어. 탄소의 이야기는 끝이 없어.

새로운 탄소 나노 물질들로 만들어진 세상을 기대해도 좋아. 투명 망토, 접었다 폈다 주머니에 넣어 다닐 수 있는 자동차, 만능 조립기, 손바닥에 올려놓을 초초초초고속 슈퍼컴퓨터……. SF 영화에나 나올 법한 물건들이 탄소 나노 물질로 가능해.

탄소의 세계는 무궁무진해!

탄소는 92개 원소 중에 1개일 뿐이고, 놀라운 능력이라고 해 봐야 원소들과 쉽게 결합하고 자기들끼리도 쉽게 결합하는 간단한 능력이 있을 뿐인데, 그런데도 마치 새로운 물질을 끝없이 만들어 내는 위대한 마법사 같아!

네 꿈이 뭐야?

미래를 바꿀 탄소 학자가 되어 보는 건 어때?

11
외계 생명체도 탄소로 되어 있을까?

만약에 우주에 외계 생명체가 있다면 탄소로 되어 있을 거야!
"정말?"
어디선가 외계 생명체가 탄생했다면 놀라운 탄소의 능력을 그냥 썩힐 리 없어.
혹시 과학자들이 아직 발견하지 못한 괴이한 원소가 있다거나 우주의 원소가 10000개쯤 된다면 모를까, 우주의 92개 원소 중에서 오직 탄소만이 복잡하고 복잡한 화합물을 만들어!

"그런데 혹시 탄소가 외계 행성에 없으면 어떡해?"
헐! 놀라운 질문인데?
하지만 다행히도 탄소는 우주에서 4번째로 흔한 원소야. 우주 먼지에 들어 있고 운석에도 들어 있어. 금성의 하늘은 이산화 탄소로 꽉 차 있고, 머나먼 토성의 위성 타이탄에는 탄화수소 구름과 호수가 있어. 우주의 어느 구석에도 무엇인가를 만들 수 있는 탄소는 많아.

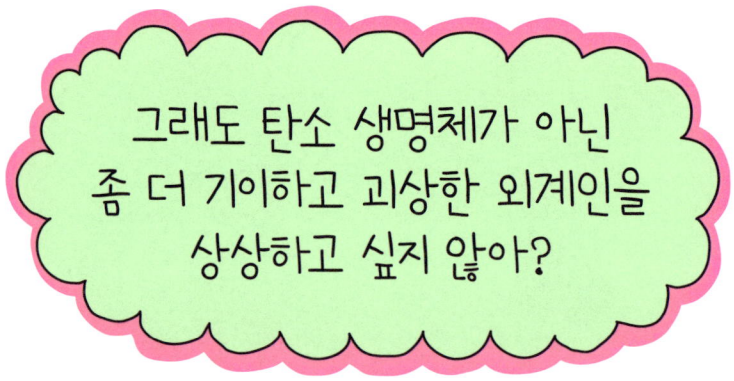

그렇다면 탄소를 조금 닮은 원소가 있긴 한데, 그건 규소라는 원소야. 규소도 탄소처럼 찍찍이 전자 팔이 4개 있고 다양한 결합을 할 수 있어.

규소는 우주에서 8번째로 많은 원소야. 모래알 속에 많이 들어 있어. 규소로 유리, 세라믹, 시멘트를 만들어. 사람이 만든 가장 진보한 물건도 규소로 되어 있어. 인공 지능의 반도체 칩이 바로 규소로 이루어져 있어.
지구의 생명체 중에도 규소 골격을 가진 생물들이 있어.
"정말?"
바다 밑바닥에 붙어사는 괴상한 모습의 해면동물과 바다에 떠다니는 플랑크톤 방산충은 껍데기가 규소로 되어 있어. 하지만 그뿐이야. 규소는 탄소보다 크고 무거워서 다양하게 결합하거나 유연하게 변하지 못해.

규소 생물이 가능하려면 한 가지 문제를 해결해야 해.
몸속으로 규소가 쉽게 드나들어야 하거든. 규소를 먹고,
규소를 마시고, 규소를 내쉬고, 규소 똥을 누고!
규소 생명체가 숨을 쉰다면 콧구멍으로 이산화 탄소 대신
이산화 규소를 내보내야 할걸. 그런데 이산화 규소는 딱딱한
고체 물질이야. 몸속을 돌아다닐 수도 없고 몸속에서
빠져나오기도 어려워.
규소 생물체가 존재하기는 거의 불가능해.

> 그래도 SF 작가들은
> 규소로 이루어진 외계 생명체를
> 상상하기 좋아해!

만약에 규소로 이루어진 생물체가 있다면 그런 생물은
도대체 어떤 모양일까? 어떻게 살까?
"푸하하!"

우주 어딘가에 규소 생명체가 살고 있을까?
그럴 수도!
아닐 수도!
아마도 외계에서 생명체가 발견된다면 그건 탄소 화합물일 거야!

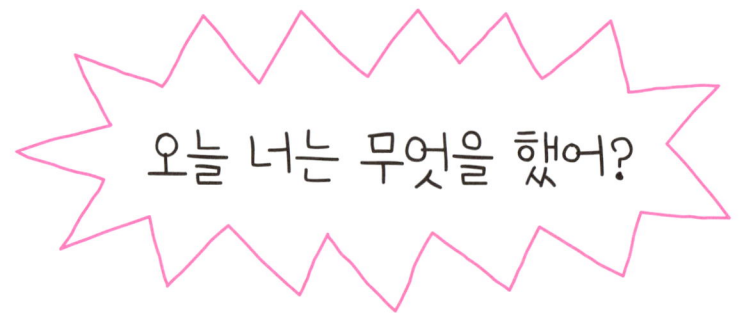

네가 오늘 하루 무엇을 했든 이것을 기억했으면 좋겠어.

네 몸이 오늘 한 가장 중요한 일은

탄소를 먹고,

탄소를 입고,

탄소로 움직이고,

탄소를 콧김과 똥으로 배출했다는 거야.

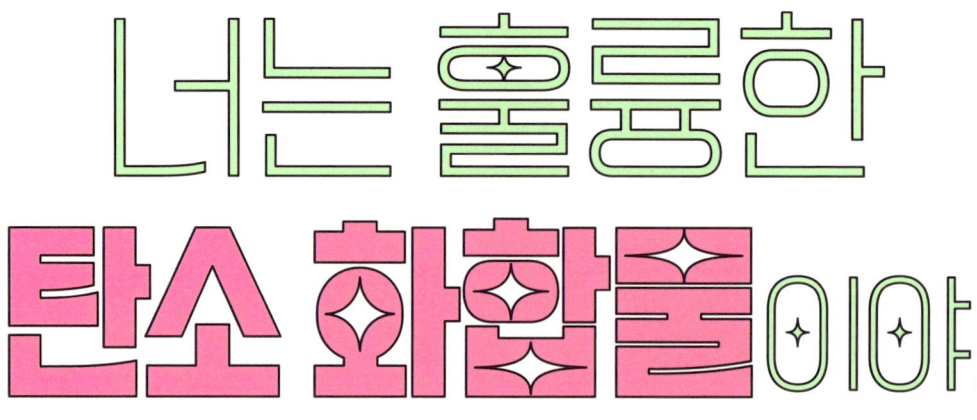

탄소의 신기한 작용이
어느 정도에 이르는지 알면
여러분은 깜짝 놀랄 겁니다!

- 마이클 패러데이 -

참고 문헌

피터 앳킨스, 김동광 역, 《원소의 왕국》, 사이언스북스, 2005

피터 워드·도널드 브라운 리, 이창희 역, 《지구의 삶과 죽음》, 지식의 숲, 2006

필립 볼, 강윤재 역, 《자연의 재료들》, 한승, 2007

샘 킨, 이충호 역, 《사라진 스푼》, 해나무, 2011

에릭 로스턴, 문미정·오윤성 역, 《탄소의 시대》, 21세기북스, 2011

사토 겐타로, 권은희 역, 《탄소 문명》, 까치, 2015

조천호, 《파란 하늘 빨간 지구》, 동아시아, 2019

미래가 온다 시리즈는 공상이 아닌 과학으로 미래를 배우는 어린이 과학 교양서입니다.

01 미래가 온다, 로봇
김성화·권수진 글 | 이철민 그림

02 미래가 온다, 나노봇
김성화·권수진 글 | 김영수 그림

03 미래가 온다, 뇌 과학
김성화·권수진 글 | 조승연 그림

04 미래가 온다, 바이러스
김성화·권수진 글 | 이강훈 그림

05 미래가 온다, 인공 지능
김성화·권수진 글 | 이철민 그림

06 미래가 온다, 우주 과학
김성화·권수진 글 | 김영곤 그림

07 미래가 온다, 게놈
김성화·권수진 글 | 조승연 그림

08 미래가 온다, 인공 생태계
김성화·권수진 글 | 김진화 그림

09 미래가 온다, 미래 에너지
김성화·권수진 글 | 이철민 그림

10 미래가 온다, 서기 10001년
김성화·권수진 글 | 최미란 그림

11 미래가 온다, 플라스틱
김성화·권수진 글 | 백두리 그림

12 미래가 온다, 기후 위기
김성화·권수진 글 | 허지영 그림

13 미래가 온다, 신소재
김성화·권수진 글 | 권송이 그림

14 미래가 온다, 스마트 시티
김성화·권수진 글 | 원혜진 그림

15 미래가 온다, 매직 사이언스
김성화·권수진 글 | 백두리 그림

16 미래가 온다, 심해 탐사
김성화·권수진 글 | 김진화 그림

17 미래가 온다, 탄소 혁명
김성화·권수진 글 | 백두리 그림

18 미래가 온다, 메타버스
김성화·권수진 글 | 이철민 그림

19 미래가 온다, 미래 식량
김성화·권수진 글 | 박정섭 그림

20 미래가 온다, 대멸종
김성화·권수진 글 | 이철민 그림